NOTICE

SUR LES

ÉCRITS DE SUGER

DANS L'INTRODUCTION DE SES ŒUVRES COMPLÈTES

PUBLIÉES POUR LA SOCIÉTÉ DE L'HISTOIRE DE FRANCE

PAR

A. LECOY DE LA MARCHE

PARIS

IMPRIMERIE GÉNÉRALE DE CH. LAHURE

9, RUE DE FLEURUS, 9

1868

NOTICE

SUR LES

ÉCRITS DE SUGER

Imprimerie générale de Ch. Lahure, rue de Fleurus, 9, à Paris.

NOTICE

SUR LES

ÉCRITS DE SUGER

FORMANT L'INTRODUCTION DE SES OEUVRES COMPLÈTES

PUBLIÉES POUR LA SOCIÉTÉ DE L'HISTOIRE DE FRANCE

PAR

A. LECOY DE LA MARCHE

———❦———

PARIS

IMPRIMERIE GÉNÉRALE DE CH. LAHURE

9, RUE DE FLEURUS, 9

—

1868

NOTICE

SUR LES ÉCRITS DE SUGER.

Depuis longtemps la Société de l'Histoire de France avait jeté les yeux sur les œuvres de Suger, pour en faire l'objet d'une publication spéciale. La position que l'auteur occupait de son vivant, la place qu'il a conquise après sa mort dans l'histoire, l'importance des sujets que sa plume a traités, tout appelait l'intérêt sur une entreprise semblable. En outre, les écrits de l'illustre abbé de Saint-Denis, quoique déjà imprimés, à une légère exception près, n'avaient jamais été réunis en un seul corps, et la lumière faite autour de Suger homme d'État semblait accuser davantage encore l'ombre dont Suger historien était environné. Des circonstances indépendantes de la volonté humaine ont considérablement retardé l'exécution du projet inspiré par ces motifs. En 1840, M. Yanoski, connu déjà par d'excellents travaux, fut chargé de l'édition des œuvres de Suger : des occupations multipliées, une longue maladie, qui finit par l'enlever, lui permirent seulement de rassembler quelques matériaux. En 1844, la tâche fut confiée à M. l'abbé Arnaud, qui, pendant plusieurs années, déploya, pour la mener à bonne fin, un zèle et une assiduité dignes d'être couronnés par le succès : une grave ophthalmie, causée en partie par le déchiffrement laborieux des manuscrits, vint l'arrêter à son tour, et le forcer à abandonner le but qu'il poursuivait avec tant d'ardeur. Après un inter-

valle assez long, la Société, estimant sans doute que la
bonne volonté peut quelquefois remplacer l'expérience,
me fit l'honneur de me léguer, en 1865, l'héritage de ces
deux devanciers. Plus heureux qu'eux, je ne veux pas être
ingrat, et, en arrivant au terme, j'éprouve le besoin de
rendre avant tout justice aux collaborateurs qui m'ont frayé
la voie. M. l'abbé Arnaud, en particulier, a laissé des
notes et des copies de textes dont j'ai beaucoup profité, bien
que j'aie tenu à revoir et à collationner moi-même les
originaux. Ce travail, ainsi exécuté en partie double, aura
l'avantage d'offrir au lecteur une nouvelle garantie de la
fidélité de l'édition. Il était donc juste de rappeler ici les
savantes recherches de mon prédécesseur, et la part active
prise par lui à la préparation de ce livre, pour laquelle il a
dépensé de si longues veilles [1].

Retracer, même sommairement, la vie de Suger, ce serait écrire de nouveau l'histoire de la France au douzième
siècle; et au lieu des quelques pages dont j'ai à disposer, il
faudrait un volume. Au surplus, on trouvera joints à l'édition
les meilleurs éléments de cette biographie, c'est-à-dire ceux
que renferment les documents contemporains, comme les
chroniques, les obituaires, les diplômes, les lettres, et surtout l'éloge composé par le frère Guillaume. L'article, particulièrement développé, consacré à Suger dans la table alphabétique, permettra aussi d'embrasser d'un coup d'œil la
série de ses actions, et présentera leur date précise avec
quelques indications nouvelles. Mais l'histoire du célèbre
ministre n'est-elle pas, avant tout, dans ses propres écrits ?
Ne l'a-t-il pas laissée lui-même dans son récit du règne de
Louis VI, dont il fut l'ami et le conseiller, dans ses mémoires

---

1. M. Arnaud avait même entrepris et presque entièrement
achevé une traduction, dont la publication en regard du texte de
Suger avait été projetée dans le principe : la Société a renoncé
depuis à cette idée.

sur l'abbaye de Saint-Denis, qu'il appelle sa mère nourrice et qu'il personnifia si brillamment, dans ses chartes enfin, et dans la correspondance qu'il entretint comme régent du royaume? Je me bornerai donc à donner de brefs renseignements sur ses différents ouvrages, et sur les sources qui m'en ont fourni le texte. Des sommaires français en tête de chaque livre, des notes latines au bas de chaque page, des éclaircissements, rejetés à la fin du volume en raison de leur longueur, et la table détaillée qui termine le tout, suffiront, je l'espère, à rendre les recherches faciles et certains points de détail moins obscurs. Pour élucider tous les passages de notre auteur qui en ont besoin, il faudrait, à coup sûr, l'érudition et l'autorité d'un maître. J'ai du moins apporté le plus grand soin à la reproduction des variantes présentées par les manuscrits, laissant de côté, toutefois, les différences purement orthographiques, lorsqu'elles ne concernent point un nom de lieu ou de personne. Le plan de cette édition est celui que je vais suivre pour examiner ici chacune des parties qui la composent.

I. *Vie de Louis le Gros.* Ce livre est le premier et le principal ouvrage de Suger. Entreprise peu de temps après la mort du prince que l'abbé de Saint-Denis semble avoir aimé par-dessus tous les autres, de celui dont il avait partagé, enfant, les études et les jeux dans les écoles de son monastère, et dont il resta toujours l'intime confident, la *Vie de Louis le Gros* se ressent de l'émotion d'une séparation récente. Dans son prologue, l'auteur pleure la perte qu'il vient de faire; il déclare vouloir éterniser le souvenir de son roi, non-seulement dans les prières de l'Église, mais par un de ces monuments plus durables que l'airain, dont parle Horace. Et il prend la plume. Aussi écrit-il plutôt un panégyrique qu'une histoire; le simple énoncé des divisions de son sujet, dont il fait suivre sa préface, le montre suffisamment. Hâtons-nous de dire que son indulgence ne va jamais jusqu'à dénaturer les faits ; il en omet quelques-uns, il est vrai, mais ce n'est pas toujours à l'avantage de son héros. Si, dans son récit, les différends de Louis VI avec l'évêque de Paris, Étienne, sont passés sous silence, si la conduite de ce monarque dans les troubles de Laon n'est pas jugée avec assez de rigueur, d'un autre côté, il ne dit rien non plus du meurtre du sire de Montlhéry par Hugues de Crécy, à la suite duquel tous les biens de ce dernier furent réunis à la couronne[1], et il juge les princes anglais, ennemis de son maître, avec une impartialité voisine parfois de la bienveillance : il déplore même la rivalité naissante des deux nations, entre lesquelles il s'efforça souvent de rétablir la paix ; il professe bien haut cette maxime de bonne politique « que les Anglais ne doivent pas être soumis aux Français, ni ceux-ci aux Anglais[2]. » Suger, d'ailleurs, ne s'est point proposé d'écrire une histoire générale et complète. Sa lecture est plus instructive que toute autre en ce qui touche les détails de la vie du roi ; mais, pour le reste, les chroniqueurs contemporains sont généralement plus substantiels. La méthode n'est point parfaite non plus dans la *Vie de Louis le Gros ;* l'ordre chronologique n'y est pas toujours scrupuleusement observé. Malgré tout, c'est un livre d'une haute autorité historique ; car il raconte peu d'événements auxquels l'auteur n'ait pris part, et à chaque pas on y rencontre cette attestation, ou une autre semblable : *Et nos ipsi interfuimus.*

L'ouvrage, commencé dès 1137, paraît avoir été terminé vers 1143 ; car à cette époque, comme on le verra, l'auteur en écrivit un autre, et dans un troisième, commencé l'an 1145, il cite lui-même ses *Gestes de Louis le Gros*[3]. Tel est, en effet, le titre général que l'on doit considérer

1. V. D. Bouquet, XII, 72.
2. V. l'édition, pages 12 et 265. — 3. V. ibid., page 171.

comme le plus authentique : Suger l'emploie également dans son prologue, et les autres n'ont été mis que plus tard en tête des manuscrits. Les titres particuliers et même la délimitation des chapitres ne subsistent nulle part que pour les vingt et un premiers. Il y a pourtant lieu de penser que le reste du livre avait subi une répartition analogue. J'ai cru devoir la lui restituer, dans l'intérêt de la clarté, en prenant pour guide les alinéas du meilleur manuscrit.

L'abbé de Saint-Denis a dédié son œuvre à l'évêque de Soissons, Gosselin, en le priant de la revoir et de la corriger : ce prélat fut un de ses amis les plus chers ; il fut mandé par lui avec instance au moment de sa mort, et lui survécut très peu de temps [1].

Vers 1130, Suger avait stipulé, dans une de ses chartes, qu'après la mort de Louis le Gros l'anniversaire de ce prince serait célébré solennellement à Saint-Denis. Lorsque sa fondation fut en vigueur, il introduisit, ou quelque autre fit introduire dans l'office des vigiles de cet anniversaire, en guise de légende, des extraits de la *Vie* du monarque. Ces morceaux, comprenant le commencement du premier chapitre, la moitié de l'avant-dernier et la totalité du dernier, c'est-à-dire les passages les plus édifiants (ceux qui rappellent la dévotion de Louis envers saint Denis, ou qui racontent en détail sa dernière maladie et sa mort), formèrent les septième, huitième et neuvième leçons de l'office. Le commencement de la septième présente seul quelques légères différences : je l'ai reproduit en regard de la partie correspondante de la *Vie*, comme il l'est dans l'unique manuscrit qui contienne cette légende, celui de la bibliothèque Mazarine, transcrit dans l'abbaye même [2]. D. Martène a édité les trois leçons comme des compositions à part [3]. Il serait encore possible que Suger les eût rédigées d'abord, pour le

1. V. l'édition, page 283. — 2. V. ibid., pages 140, 142, 145. 3. *Ampl. Coll.*, t. IV, préf., p. xxxvii.

premier anniversaire du roi, et les eût ensuite intercalées
dans son livre, dont elles lui offraient le début et la con-
clusion naturels. Elles semblent du moins avoir été répan-
dues plus tôt que celui-ci, à en juger par la citation d'un
chroniqueur contemporain, qui les mentionne seules [1].

La première édition de la *Vie de Louis le Gros* fut donnée dans une collection publiée par les soins de Pierre Pithou, et comprenant diverses chroniques des onzième, douzième et treizième siècles. Elle parut en 1596, à Francfort,
chez les héritiers d'André Wechel [2]. C'est cette édition qui
a été désignée dans les suivantes et dans celle-ci sous le nom
d'*editio germanica*. En 1641, André Duchesne la réimprima
dans ses *Scriptores Historiæ Francorum* [3], en redressant une
quantité d'inexactitudes à l'aide de deux manuscrits, appar-
tenant, l'un au célèbre avocat Antoine Loisel, l'autre à
l'abbaye de Saint-Denis. L'édition des Bénédictins, faisant
partie du grand recueil commencé par D. Bouquet [4], est de
1781, et fut établie tant sur la précédente que sur quatre
manuscrits, dont il va être parlé. Elle constituait à son tour
un progrès notable, par la restitution d'un grand nombre
de bonnes leçons, et par l'addition de notes éclaircissant
bien des points douteux. Une traduction française parut

1. *Si quis vero infirmitatis illius qua decubuit (rex) angus-
tiam.... plenius scire desiderat, quasdam lectiones, quæ, a Sugerio
viro sapienti editæ, in ejus anniversario leguntur, studiose revolvat.*
Chron. de Morigny, dans Duchesne, IV, 382.

2. V. le P. Lelong, *Bibl. hist.*, II, 75; *Hist. litt. de la France*,
XII, 395. Je dois avertir ici que les Bénédictins ont, par erreur,
attribué plusieurs variantes à Fréher, qui n'a jamais édité la *Vie
de Louis le Gros*. Leur méprise provient de ce que le recueil du
savant allemand (*Corpus francicæ historiæ*) et celui de Pithou
furent publiés chez le même libraire, et se trouvent d'ordinaire
réunis ensemble. On trouvera donc le nom de Fréher mis pour
Pithou dans quelques notes reproduites, d'après les Bénédictins,
au bas des pages de notre édition.

3. Tome IV, p. 281. — 4. Tome XII, p. 10.

aussi, en 1825, dans les *Mémoires relatifs à l'Histoire de France*, de M. Guizot [1].

Pour offrir au public studieux un texte encore plus sûr, j'ai, sans négliger d'utiliser ces différentes publications, collationné l'un après l'autre tous les manuscrits subsistant aujourd'hui, c'est-à-dire les suivants :

1° N° 133 du fonds Notre-Dame (bibliothèque Impériale). Ce manuscrit, provenant de l'ancienne bibliothèque de l'église de Paris, ne contient que trois fragments de la *Vie de Louis le Gros*, précédés ou suivis de différentes chroniques, et intercalés en partie dans celle de Guillaume de Malmesbury : on trouvera indiqués en note les endroits du texte où chacun d'eux commence et finit. Bien qu'étant incomplet, le manuscrit 133 a une grande importance, en raison de son antiquité. L'écriture est du douzième siècle, et cette date est précisée davantage encore dans le titre d'un chapitre ajouté par la même main à la fin du volume, titre ainsi conçu : *De nostri temporis concilio, a papa Alexandro III Romæ celebrato.* Et un peu plus loin se trouve désignée l'année 1179, qui est, en effet, celle du concile en question. Ainsi, le rédacteur était presque contemporain de Suger. Cet exemplaire est peut-être un de ceux dont s'est servi Duchesne ; car une note, inscrite sur le premier feuillet, montre qu'il a appartenu à Loisel, lequel l'avait « achapté d'ung crocheteur, à Paris, le 15 avril 1590. »

2° N° 135 du même fonds. Le manuscrit ainsi coté est au moins aussi ancien que le précédent, à en juger par l'écriture et en particulier par les cédilles employées pour désigner les *æ*. Il porte également la marque de la biblio-

---

1. Tome VIII. Il faut encore citer, pour être complet, la réimpression faite plus récemment dans la *Patrologie* de M. l'abbé Migne, dont le tome CLXXXVI contient une partie des œuvres de Suger.

thèque de l'église de Paris et celle de Loisel. Les Bénédictins ne paraissent pas l'avoir connu, non plus que le
n° 133. Comme dans celui-ci, les folios ne sont pas numéro-
tés : c'est vers le milieu que commence la *Vie de Louis le
Gros*, après un fragment de chronique. Les derniers chapitres manquent, à partir de la moitié du vingt-sixième.

3° N° 543 de la bibliothèque Mazarine. Celui-ci, comme
il a été dit, provient de l'abbaye de Saint-Denis. C'est le plus
ancien après ceux du fonds Notre-Dame ; il présente encore
des *e* cédillés, mais non partout. L'ouvrage de Suger, complet et transcrit très-correctement, y est intitulé : *Cronica
abbatis S. Dyonisii.* Il occupe les feuillets 232-266, et vient,
comme dans les autres, à la suite de fragments de divers
historiens. Cet exemplaire, qu'on peut considérer comme le
meilleur, paraît être le même que celui dont les Bénédictins
se sont servis, et qu'ils désignent sous le nom de *codex San-
Dionysianus.* Toutefois, ils n'y avaient point recueilli un
certain nombre de bonnes leçons, qu'on trouvera rétablies
dans la présente édition.

4° N° 12710 du fonds latin de la bibliothèque Impériale
(autrefois n° 1085 du fonds Saint-Germain). C'est un de ceux
qu'a utilisés D. Bouquet. Il appartenait de son temps à Saint-
Germain des Prés, et contient le texte entier de la *Vie de
Louis le Gros* (f°ˢ 12-25). L'écriture est du treizième siècle.

5° N° 5925 du même fonds. Manuscrit copié vraisembla-
blement, au quatorzième siècle, par un religieux de Saint-
Denis, et portant des notes ajoutées en marge par Jacques
du Breuil, moine de Saint-Germain des Prés. La *Vie de
Louis le Gros* (f°ˢ 199-232) y est suivie de la *Vie de
Louis VII*, attribuée quelquefois à Suger.

6° N° 6265 du même fonds. La date de cet exemplaire
est inscrite au f° 80 : il n'a été écrit qu'en l'an 1515, et
paraît avoir appartenu un peu plus tard à Claude Fauchet.
Comme le précédent, il a fait partie de l'ancien fonds de
la bibliothèque du Roi, et a passé par les mains des Béné-

dictins. Un fragment de la *Vie de Louis VII* y figure pareillement à la suite de celle de son père, qui remplit les cinquante et un premiers feuillets.

II. *Mémoire de Suger sur son administration abbatiale.* Suger était depuis vingt-trois ans à la tête de son abbaye, lorsque ses religieux le conjurèrent, en chapitre, de consigner par écrit les résultats de sa laborieuse et féconde administration. Cédant à leurs instances, comme il le raconte lui-même dans son prologue, il écrivit ce mémoire, qui occupe la seconde place dans ses œuvres, quoiqu'il dût occuper la troisième selon l'ordre chronologique. Il le commença l'an 1145. Son église étant terminée, le vaste domaine de son monastère agrandi et reconstitué, l'illustre abbé pouvait librement regarder en arrière, et consacrer à la rédaction quelques heures de loisir, en attendant que les embarras de la régence vinssent l'absorber. Il est fort probable qu'il avait terminé sa tâche avant que ce nouveau fardeau lui eût été imposé, en 1147.

C'est l'œuvre de sa vie que Suger a racontée dans son mémoire : l'abbaye de Saint-Denis fut toujours l'âme de ses travaux, le centre de ses affections, comme elle avait été, suivant son expression, sa nourrice. Dans la première partie du livre, qui traite de l'accroissement et de l'amélioration des propriétés du monastère, il se montre l'administrateur intègre, l'économe sévère et zélé qu'on retrouve, dans le gouvernement du royaume, aux prises avec toutes les ambitions et toutes les convoitises des ennemis de la couronne. C'est ainsi qu'on le voit, à force de démarches, obtenir du pape et du roi la restitution du prieuré d'Argenteuil à ses religieux, affaire épineuse, pour la solution de laquelle il avait compulsé tous les parchemins poudreux de l'abbaye[1].

1. V. page 160 de l'éd.

La seconde partie, consacrée à la reconstruction et aux embellissements de la somptueuse basilique de Saint-Denis, révèle en lui un architecte habile, un artiste délicat, sachant restaurer les vieilles œuvres d'art et ne pas tout sacrifier au goût du neuf. Ces quelques pages sont particulièrement précieuses pour l'archéologie, pour l'histoire de la sculpture, de l'orfévrerie, de la ciselure, de la peinture sur verre. On y rencontre la trace de ce grand mouvement architectural, qui, parti de Laon vers le commencement du siècle, reçut à Saint-Denis une impulsion si féconde, et que le concours empressé des populations contribuait puissamment à développer. Les merveilles décrites par Suger n'ont pas toutes disparu, heureusement : il serait intéressant d'aller, son livre à la main, étudier celles qui subsistent encore, comme le portail du milieu ou quelques-uns de ces vitraux ornés de légendes qu'il fit peindre par des maîtres de différentes nations [1].

Le mémoire de Suger fut publié pour la première fois par Duchesne, en 1641, sous le titre suivant : *Sugerii abbatis liber de rebus in administratione sua gestis* [2]. Félibien le reproduisit, en 1706, dans les preuves de son *Histoire de l'abbaye de Saint-Denis*, et D. Bouquet, en 1763, en inséra la seconde partie dans le grand recueil des Historiens de la France [3]. Duchesne en avait pris le texte dans un manuscrit de l'abbaye de Saint-Denis, le même, selon toute apparence, qui porte aujourd'hui le nº 13835 du fonds latin la bibliothèque Impériale (autrefois nº 1072 [2] du fonds Saint-Germain). L'exemplaire ainsi coté provient, en effet, de Saint-Denis : c'est le seul que l'on conserve aujourd'hui,

---

1. V. l'éd., page 204.

2. Duchesne, *Hist. Franc. Script.*, IV, 281.

3. Félibien, preuves, p. CLXXII ; D. Bouquet, XII, 96. Félibien en donna de plus l'analyse dans le corps de son ouvrage ; Doublet en avait fait autant dès 1625, d'après un manuscrit, dans son *Histoire de l'abbaye de S. Denys.*

et aucun des éditeurs n'en cite d'autre. Il paraît avoir été
écrit au douzième siècle, et présente, comme on le voit,
une double autorité : aussi toutes les variantes qu'il renferme ont-elles été introduites dans cette édition. Mais il a
été intitulé à tort, à une époque postérieure, *Gesta Suggerii
abbatis;* ce qui pourrait le faire confondre avec la *Vie de
Suger*, par son secrétaire Guillaume. Peut-être même est-ce
une méprise semblable qui a fait parfois attribuer à ce
dernier le mémoire de son abbé : cette opinion n'a, du
reste, aucun point d'appui, et le style comme le ton général du livre fourniraient, quoi qu'en aient pensé Duchesne et le baron d'Auteuil, des arguments suffisants pour
la réfuter.

III. *De la consécration de l'église de Saint-Denis.* Avant
de réunir en un même tableau tous les résultats de son
administration, Suger avait déjà relaté, dans un opuscule
spécial, les circonstances de la reconstruction et de la dédicace de son église. C'est immédiatement après cette dernière
cérémonie qu'il en entreprit le récit; car, dans l'ouvrage
précédent, écrit en 1145, celui-ci est cité comme achevé[1] :
on peut, par conséquent, en rapporter la rédaction à l'année
même de la consécration de la nouvelle basilique (1143).
L'auteur y a intercalé un assez long fragment d'une de ses
chartes, donnée vers 1140, fragment relatif à la pose des
premières pierres et à la dédicace des chapelles, qui ve-
naient d'avoir lieu[2]. Il nous a laissé, un peu plus haut, des
traits remarquables de la persévérance opiniâtre avec laquelle il poursuivait l'exécution de son monument. N'est-ce
pas un spectacle étonnant que celui de ce petit homme au
corps débile, dévoré par la fièvre de l'activité, s'enfonçant

1. V. l'éd., page 189.
2. Cf. les deux textes, ibid., pages 225-227 et 357-359.

lui-même dans les forêts les plus impénétrables pour y trouver, contre l'opinion de tous, les grosses poutres qui manquent à ses ouvriers, inspectant les palais antiques de Rome pour y chercher des colonnes de marbre, imaginant, pour en venir à ses fins, les combinaisons les plus audacieuses, comme de faire transporter ses matériaux, sur mer, par les Sarrasins[1]?

Le livre de la *Consécration de l'église de Saint-Denis* offre donc le même genre d'intérêt que le précédent. Comme lui, il a été publié en premier lieu par Duchesne, en 1641, d'après un manuscrit de la bibliothèque de Claude-Alexandre Petau[2]. Les deux dernières pages, qui manquaient dans cet exemplaire, ont été restituées en 1723 par Mabillon, dans ses *Vetera Analecta*, conformément à un manuscrit de l'abbaye de Saint-Victor[3]. Le texte a été donné ensuite, d'après Duchesne et Mabillon, intégralement par Félibien, et incomplètement par D. Brial[4]. Les originaux ayant disparu, j'ai dû me guider uniquement sur ces différentes reproductions.

IV. *Lettres*. Nous sommes loin de posséder toutes les lettres écrites par Suger. Il ne nous en reste que vingt-six. Mais ce sont, heureusement, celles qui correspondent à la période la plus importante de sa vie (1146-1151). Ces documents sont des témoins irrécusables de sa sollicitude pour

---

1. V. l'éd., pages 219, 221, 222.

2. *Hist. Francor. Script.*, IV, 350. Duchesne, en cet endroit, applique à tort à la dédicace de l'église la date de 1140, qui est seulement celle de la consécration des chapelles reconstruites d'abord. La première de ces cérémonies se fit trois ans plus tard. V. l'éd., pages 227, 414.

3. *Vet. Anal.*, p. 463.

4. Félib., preuves, p. CLXXXVII ; *Rer. Gallic. Script.*, XIV, 312. Doublet et Félibien l'ont également analysé.

les intérêts du roi, surtout durant la croisade. Qu'il s'adresse aux barons, au clergé, au pape, il fait preuve d'un dévouement toujours égal, et ce dévouement prend, envers le fils du prince qui avait été son ami, tout le caractère de l'affection paternelle. Il n'est rien de plus touchant que ses instances pour rappeler Louis le Jeune dans son royaume, si ce n'est peut-être les derniers conseils qu'il donne à ce monarque au moment de mourir, en l'engageant à garder toujours avec lui la lettre qui les contient[1].

On ne connaîtrait qu'imparfaitement la nature et l'étendue des relations du ministre de Louis VII, si l'on se bornait à consulter les épîtres émanées de sa main. Dans l'impossibilité d'insérer *in extenso* celles qui lui furent adressées par une foule de personnages contemporains, j'en ai dressé une liste complète, indiquant la date et l'objet de chacune, ainsi que les différentes sources qui les renferment. Cette nomenclature, comprenant l'analyse de cent cinquante-six pièces, a été placée à la suite des *Lettres* de Suger.

C'est encore l'infatigable Duchesne qui mit au jour la plus grande partie d'une aussi vaste correspondance[2] : un an seulement avant lui, Baudouin avait traduit en français quarante-six lettres, tirées d'un manuscrit latin[3]. Aux cent cinquante-sept qui figurent dans le recueil du premier, Martène en ajouta vingt-et-une, en 1717[4]. Les continuateurs de D. Bouquet les reproduisirent presque sans exception, au commencement de ce siècle, et en donnèrent encore quelques autres, puisées dans différentes collections[5].

---

1. V. l'éd., pages 258, 280.
2. *Hist. Francorum Script.*, IV, 491.
3. Baudouin, *Le Ministre fidèle*, etc., Paris, 1640, in-8°.
4. *Thesaur. Anecd.*, I, 414. Duchesne en donne 164 ; mais, sur ce nombre, il y en a huit qui ne sont ni adressées à l'abbé Suger, ni écrites par lui.
5. *Rer. Gall. Script.*, tomes XV et XVI. Les autres éditions seront citées au bas des lettres.

Mais on ne rencontrera qu'ici la totalité groupée ensemble, dans l'ordre chronologique.

Le manuscrit 14192 du fonds latin de la bibliothèque Impériale, écrit au treizième siècle, est le seul où on retrouve aujourd'hui des lettres de Suger : il nous a fourni des variantes utiles pour cinq d'entre elles[1].

IV. *Chartes*. La partie la moins connue peut-être des œuvres de notre auteur est la série des actes qu'il rédigea comme abbé de Saint-Denis. Et cependant ces documents contiennent l'expression de ses plus intimes pensées; ils forment le complément et les preuves du mémoire sur son administration abbatiale. Les uns ont pour objet des fondations pieuses, comme son testament, pièce très-remarquable et dont le début surtout est plein d'élévation : Suger l'écrivit dès 1137, six semaines avant la mort du roi, dont les symptômes étaient bien faits pour évoquer dans son esprit l'idée de sa propre fin. Les autres, conçus dans un but d'humanité non moins noble, améliorent la condition des religieux et des hommes liges du monastère. Tels sont, par exemple, celui qui affranchit les habitants de Saint-Denis et de Saint-Marcel des servitudes de la mainmorte, et celui qui crée le village de Vaucresson sur un territoire jusque-là inculte et mal famé. Cette dernière fondation devint le type des *villes neuves* qui se multiplièrent depuis lors dans le domaine royal, particulièrement sous Louis VII, et qui furent de véritables bienfaits pour la classe agricole.

Les chartes de Suger, disséminées dans Doublet, dans Duchesne, dans Félibien[2], ont été réunies, au nombre

1. Ce manuscrit, classé autrefois dans le fonds de Saint-Germain, sous le n° 1085[2], renferme en tout vingt-quatre lettres, tant émanées de Suger qu'à lui adressées.

2. Doublet, p. 488, 856-876. — Duch., IV, 546. — Félib., preu-

de treize, selon la méthode employée pour les *Lettres*. Je les ai fait suivre également d'un index analytique de tous les actes relatifs à sa personne, c'est-à-dire conclus avec sa participation, adressés à lui, ou le mentionnant simplement : ceux-ci forment un total de quarante-deux. Mais, pour les deux catégories de pièces, ce sont les originaux et les cartulaires conservés aux Archives de l'Empire qui m'ont principalement servi de guides. J'ai même puisé à cette source précieuse plusieurs documents inédits, la donation de Suger à l'abbaye de Longpont, et quelques autres figurant dans l'index.

V. *Vie de Suger*. Lorsque Suger mourut, il se produisit dans le monastère de Saint-Denis un de ces revirements, une de ces réactions qui accompagnent presque toujours les changements d'administration. Sa famille et ses amis les plus dévoués furent disgraciés par son successeur Odon de Deuil, qu'il avait cependant fait élire abbé de Compiègne deux ans auparavant. C'est sous l'impression de cette brouille, et pour répondre à certains dénigrements injustes, dont l'écho l'indignait, que le frère Guillaume, retiré ou relégué lui-même au prieuré de Saint-Denis-en-Vaux, dans le Poitou, semble avoir pris la plume, pour retracer, avec un enthousiasme sincère, les belles actions du protecteur qu'il venait de perdre. Ce religieux nous apprend lui-même que son abbé l'avait admis dans son intimité[1] : on a induit de son récit, avec assez de vraisemblance, qu'il avait rempli auprès de Suger les fonctions de secrétaire. Quoi qu'il en soit, sa com-

ves, p. xcvi. On en trouve aussi quelques-unes dans les *Monuments historiques* récemment publiés par M. Jules Tardif.

1. V. l'éd., p. 386. On peut consulter, sur le frère Guillaume, la collection de D. Bouquet (t. XII, p. viii et 102) et l'*Histoire littéraire* (XII, 545).

position avait sa place marquée dans ce volume, non-seulement par son objet, mais par sa valeur propre, et par l'importance des renseignements qu'elle nous fournit. Elle est divisée en trois livres et dédiée à Geoffroy, un autre moine de Saint-Denis, qui avait fait promettre à Guillaume, en se séparant de lui, d'exécuter ce travail. L'auteur y a joint, en guise d'appendice, la lettre encyclique adressée par le monastère à tous les fidèles à l'occasion de la mort de son abbé, lettre dont la rédaction lui avait été confiée[1], et où sont relatés les détails de la fin la plus édifiante.

La *Vie de Suger* est encore un panégyrique, si l'on veut ; mais elle est pleine de traits intéressants, dont la nature même démontre l'authenticité. Il n'y a point de plan : Guillaume accueille pêle-mêle, il l'avoue, tous les souvenirs qui se pressent dans son esprit. Et pourtant, le lecteur charmé le suit sans fatigue, soit dans l'humble cellule où le ministre de deux rois expiait le faste de sa jeunesse, soit dans ces réunions du soir où il déroulait à ses moines, surpris d'une science si longue, l'histoire de son pays ou les gestes des preux (*gesta virorum fortium*)[2]. L'éloge des qualités de son héros occupe le frère Guillaume beaucoup plus que la narration ou l'appréciation de ses actes les plus importants : mais on aime toujours à pénétrer dans la vie intime des hommes illustres, et le confident de Suger nous procure amplement ce plaisir.

Son ouvrage, lorsque les Bénédictins l'insérèrent dans le recueil des Historiens de la France, avait eu déjà trois éditeurs : le baron d'Auteuil (1642), François Duchesne (1648), et Félibien (1706)[3]. Une traduction française en fut donnée dès 1640 par Baudouin, et une autre dans la collection de

1. V. l'éd., page 403. — 2. V. ibid., pages 3?9, 392.
3. *Rer. Gallic. Script.*, XII, 102. — F. Duchesne, *Sugerii Vita*, Paris, 1648, in-8°. — D'Auteuil, *Hist. des ministres d'État*, p. 276. — Félibien, *Hist. de l'abbaye de S. Denys*, preuves, p. cxciv.

M. Guizot, en 1825[1]. On en possède le texte complet en tête
d'un manuscrit du treizième siècle, que j'ai collationné : c'est
le numéro 14192 du fonds latin de la bibliothèque impériale, qui contient à la suite, comme je l'ai dit, plusieurs lettres de Suger.

L'abbé de Saint-Denis n'a-t-il point laissé d'autres écrits
que ceux qu'on trouvera reproduits dans cette édition ? Il
avait certainement commencé, dans les dernières années de
sa vie, une *Histoire de Louis le Jeune :* la mort l'interrom-
pit, comme l'atteste le frère Guillaume[2]. Mais des deux
chroniques qui nous sont parvenues sous ce titre, aucune ne
paraît être son œuvre, même en supposant que la partie
postérieure à 1151 ait été ajoutée par un continuateur. Les
auteurs de l'*Histoire littéraire* ont donné sur ce point des
explications assez convaincantes pour qu'il soit inutile d'y
revenir, malgré les conclusions opposées de D. Gervaise et
de Sainte-Palaye[3]. Il en est de même d'une partie des
chroniques de Saint-Denis, qui avait été également attribuée
à notre auteur : un savant mémoire de M. Lacabane, inséré
en 1841 dans la Bibliothèque de l'École des Chartes[4], a dé-
montré la fausseté de cette opinion. La chronique *Ad cyclos
paschales* prétend, il est vrai, que Suger travaillait à l'histoire
de France à l'époque de son élection : *Temporibus illis
historiæ Francorum scriptor erat*[5]. Toutefois cette phrase,
si elle ne renferme pas un anachronisme, doit être prise
dans un sens général, et s'appliquer, soit à une collabora-
tion, soit à quelque travail préparatoire sur le règne de
Louis le Gros. C'est encore avec moins de fondement qu'on

1. Baudouin, *op. cit.* — Guizot, *Mém. relat. à l'hist. de France,*
VIII, 163.
2. V. l'éd., p. 382. — 3. *Hist. litt.,* XII, 403.
4. T. II, p. 57. *Recherches sur l'origine des chroniques de S. Denis.*
5. V. l'éd., p. 413.

a voulu faire remonter à la même origine l'*Institution de la paix* ou la charte communale de Laon, donnée en 1128 [1]. Il est hors de doute qu'on peut légitimement chercher dans les actes du roi la trace de l'influence et de l'esprit de son conseiller : mais vouloir que celui-ci ait tenu la plume, cela ne saurait être sans des indices probants ; et le choix qui fut fait de son neveu, le chancelier Simon, pour lire cette charte de commune en assemblée solennelle, n'est pas une raison suffisante. Il faut donc accepter pour authentiques tous les écrits qui portent le nom de Suger dans les manuscrits, et n'accepter que ceux-là. Cette règle, qui est la plus simple, est souvent la meilleure.

Je n'ai rien dit du style des différents ouvrages mentionnés ci-dessus, afin de présenter ensemble les quelques observations qui s'y rapportent. A en croire le frère Guillaume, la langue de Suger ne serait rien moins que splendide [2]. Selon certains critiques, son témoignage a autant de valeur que sa latinité en a peu [3]. Sans tomber dans l'exagération, on peut reconnaître que son texte est plein d'obscurités, de périphrases pénibles, d'antithèses heurtées, de rapprochements qui sentent le jeu de mots : ces défauts, quoique plus saillants chez lui que chez beaucoup d'autres, étaient du goût de l'époque et partagés, dans une certaine mesure, par les meilleurs esprits. Aussi le biographe contemporain a-t-il pu sincèrement admirer ce que les modernes littérateurs ne sauraient souffrir. Malheureusement, le lecteur sera parfois arrêté par des inconvénients plus graves, des fautes de grammaire, des constructions vicieuses, et même quelques barbarismes inconnus dans la basse latinité. Il suffit qu'il soit averti, et qu'il se rappelle que les scribes

---

1. Huguenin, *Suger et la monarchie française*, 199-201.
2. V. l'éd., page 382.
3. *His faits are valuable, his latin exccrable.* Sharon Turner, *History of England during the middle age*, I, 183.

du moyen âge sont fréquemment les auteurs de ces incor-
rections, dont le redressement n'appartient pas tout entier
aux éditeurs. Du reste, il trouvera des compensations dans
quelques morceaux brillants, où l'historien se révèle d'une
façon inattendue. On dirait qu'à certains moments son
imagination s'éveille : lorsqu'il a, par exemple, quelque
bataille ou quelque drame à raconter, ses accents s'ani-
ment, et une certaine mise en scène vient colorer son récit.
L'épisode le plus remarquable en ce genre est l'histoire du
meurtre du seigneur de la Roche-Guyon par son beau-
père Guillaume. Le tableau de l'épouse échevelée se jetant
sur le cadavre de son mari, ses lamentations, son dés-
espoir, tout cela est tracé de main de maître[1]. Le siége
du Puiset fait aussi l'objet d'une description heureusement
conduite, qui trahit le témoin oculaire[2]. Il faut signaler également, au début de la *Vie de Louis le Gros*, un essai de
parallèle entre Guillaume le Roux et le prince Louis, son
adversaire, essai sortant des banalités de la chronique, et
paraissant inspiré par les souvenirs de l'antiquité[3].

C'est que Suger, plus qu'aucun de ses contemporains
peut-être, était nourri de la lecture des écrivains anciens,
sacrés et profanes ; et on peut s'étonner à bon droit que, les
ayant tellement pratiqués, leur ayant emprunté un si grand
nombre de pensées, il ne se soit point approprié davantage
leurs meilleures qualités, qui sont celles de la forme. Le
frère Guillaume nous apprend qu'il avait toujours à la bou-
che quelque citation de l'Écriture ou des poëtes : il récitait
parfois jusqu'à trente vers d'Horace, contenant une moralité
utile[4]. Et ici, l'on ne saurait taxer son secrétaire de com-
plaisance : car il n'est pas un de ses livres qui ne soit émaillé
d'une foule de textes de Virgile, de Lucain, d'Horace,
d'Ovide, de Térence même, mêlés à de nombreux passages

1. V. l'éd., p. 61-65. — 2. Ibid., p. 73-76.
3. Ibid., p. 10. — 4. Ibid., p. 381.

de l'Ancien et du Nouveau Testament. Lucain surtout est sans cesse mis à contribution par lui; c'est son auteur favori, et la Pharsale est son poëme préféré. J'ai relevé avec attention ces différents emprunts, que les éditeurs précédents n'ont pas toujours distingués; mais je ne répondrais pas de n'en avoir laissé échapper aucun. On les trouvera indiqués à la table alphabétique, au nom de chaque auteur. Ce petit dépouillement ne sera peut-être pas jugé inutile, car il fournit un élément de plus pour établir le bilan littéraire du douzième siècle. Le frère Guillaume, lui aussi, est un érudit : ce sont les philosophes, comme Sénèque ou Platon, qui lui sont le plus familiers, et son style se ressent davantage de leur fréquentation. Aussi la *Vie de Suger* paraîtra-t-elle aux lecteurs d'aujourd'hui mieux écrite elle-même que les ouvrages qu'elle vante tant.

En résumé, Suger fut un homme d'action, non un homme de plume. C'est le moine pieux et savant, l'administrateur habile qui mérite surtout l'auréole dont la postérité a couronné sa mémoire : mais ce sont précisément ces titres, plus solides que brillants, qui donnent tant de poids à sa parole, tant d'autorité à ses livres. Nous ne devons pas regretter quelques vices extérieurs de rédaction, si nous songeons que, pour se perfectionner dans l'art difficile de l'écrivain, l'illustre abbé eût dû ravir un temps précieux au soin des grands intérêts de la France, qui absorbèrent sa laborieuse vie.

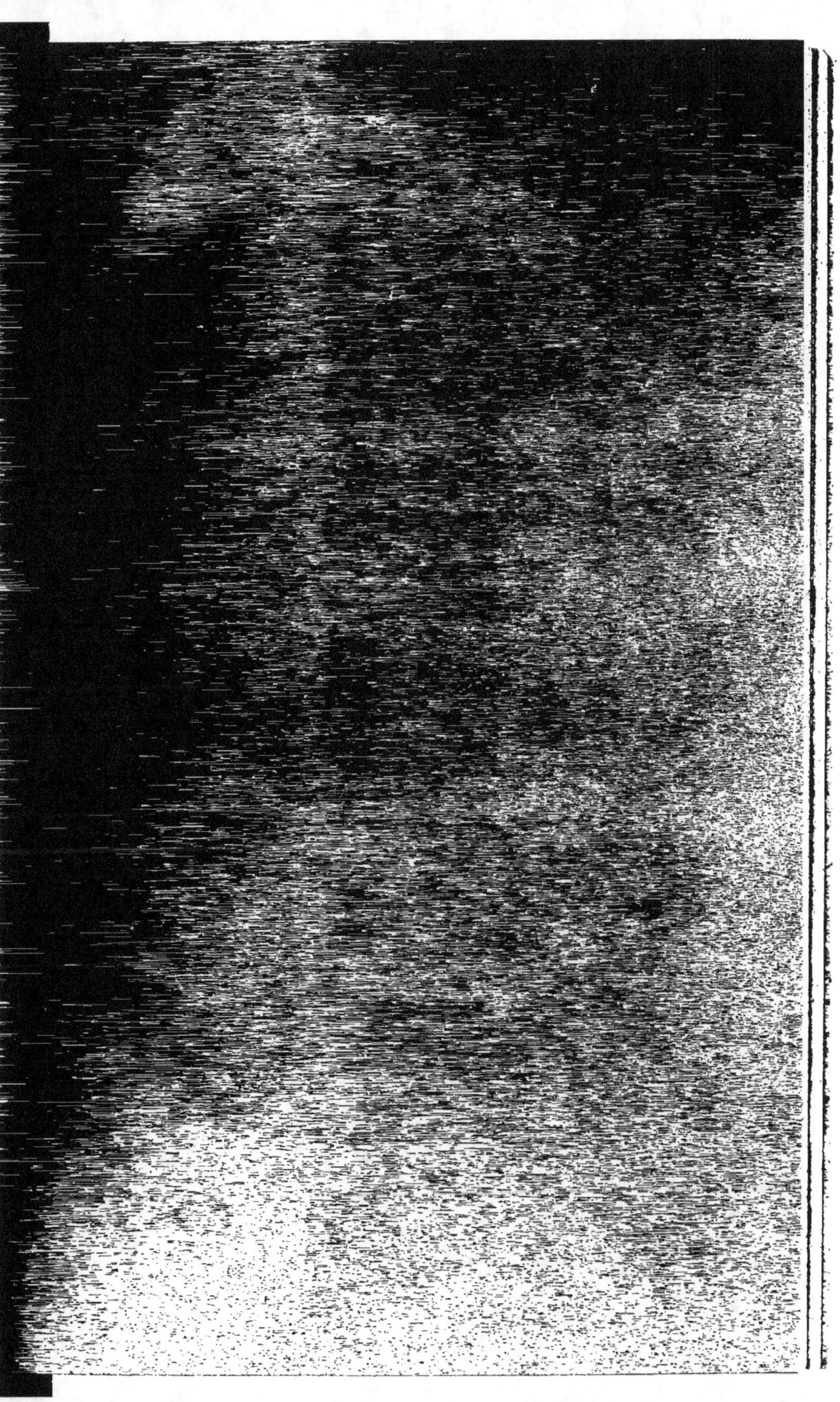